Sapho

Traduction de

RENÉE VIVIEN

PARIS. — A. LEMERRE ÉDITEUR.

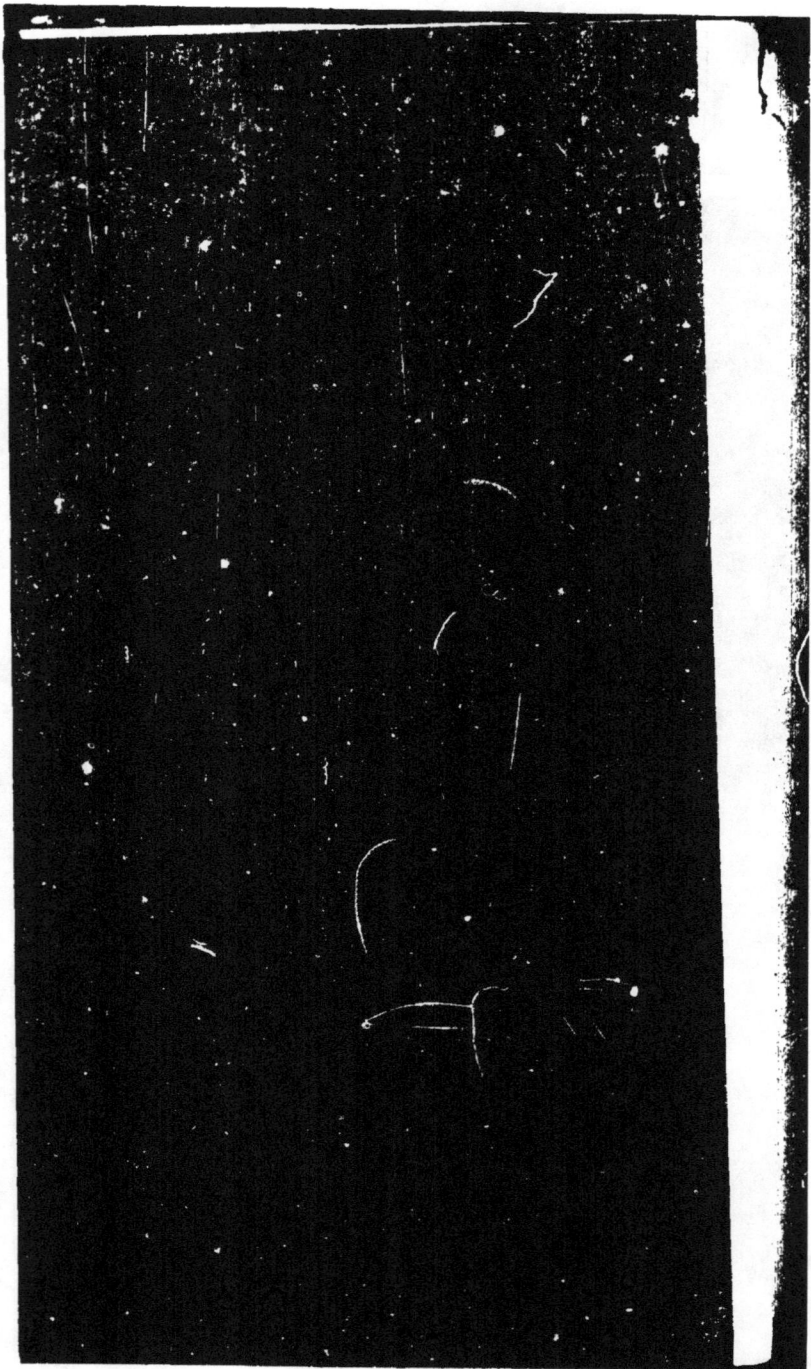

SAPHO

2596

DU MÊME AUTEUR

RENÉE VIVIEN

SAPHO

Traduction nouvelle avec le texte grec

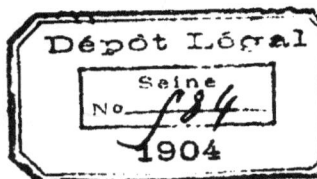

FAC ET SPERA

PARIS

ALPHONSE LEMERRE, ÉDITEUR

23-31, PASSAGE CHOISEUL, 23-31

M DCCCCIII

PRÉFACE

L'ŒUVRE du divin Poète fait songer à la Victoire de Samothrace, ouvrant dans l'infini ses ailes mutilées.

Comme elles s'allient profondément avec l'ombre et le silence, ces paroles trempées dans le parfum des nuits myléniennes :

« Les étoiles, autour de la belle lune, voilent aussitôt

leur clair visage, lorsque, dans son plein, elle illumine
la terre de lueurs d'argent. »

... Voici la langueur des vergers où les fruits et les
verdures s'imprègnent de soleil :

« Alentour [la brise] murmure fraîchement à travers les branches du pommier, et des feuillages frissonnants coule le sommeil. »

Mais l'enchantement est rompu par un cri de détresse :

« Car ceux à qui je fais du bien, ceux-là m'outragent le plus. »

De quelles blessures envenimées ces mots ont-ils
coulé, comme de brûlantes gouttes de sang? A quelles
ingratitudes, à quelles trahisons songeait-Elle? Et qui
jamais apprendra les douleurs secrètes de ce cœur si
magnifiquement humain?

« Venez, Grâces délicates et Muses aux beaux cheveux. » Telle fut jadis l'invocation de la Tisseuse de
violettes, tandis qu'auprès d'elle Eranna de Télos, la
plus ardente et la plus inspirée de ses disciples, la
Musicienne qui mourut trop jeune pour atteindre au

sommet de sa gloire, accompagnait vaguement d'une note errante du paktis* le chant souverain. L'air du large gonflait les cheveux nocturnes de Psappha**, et, au loin, dans les pauses du rythme, montait le soupir de la mer. Dika tressait de ses mains souples les roses de Mytilène entrelacées de fenouil. Damophyla de Pamphylia, qui devait plus tard composer une ode sur le modèle de cette parfaite harmonie, écoutait, pareille à une statue de l'Extase; Gorgô, un peu à l'écart, se souvenait avec mélancolie des heures fanées; Gurinnô contemplait le « sourire de miel » que célèbrent les vers d'Alcée; Atthis, l'ondoyante et l'incertaine, cherchait le regard d'Androméda, et, sous l'ombre des pommiers du verger, s'attardaient, ivres de musique et de souvenirs, Télésippa, Mégara, Anagora de Milet, Gongyla de Colophón, Anactoria et Euneika de Salamine.

---

* Harpe inventée par Psappha, instrument dont la forme nous est peu connue, mais qui était très différent de la lyre et ne comportait pas l'emploi de l'archet.

** Forme dorienne et exacte du nom de Sapho.

... En évoquant, à travers les brumes du Temps, les ardeurs sacrées de l'immortelle Amoureuse, ma pensée va vers Atthis, la moins fervente des Amies, peut-être, et la plus aimée. Car c'est pour elle que s'éleva ce divin soupir :

« Je t'aimais, Atthis, autrefois... »

Je me plais à croire qu'elle fut la Beauté fugitive de l'Ode à l'Aphrodita et de l'Ode à une Femme aimée, à laquelle la tradition attache le nom d'Anactoria.

Psappha s'éprit de toutes les magnificences de la nature : elle aima les fleurs, l'étoile du soir, l'hyacinthe meurtrie qui se fane sur la montagne, la pomme qui s'épanouit sur les plus hautes branches et que la convoitise des passants n'a pu atteindre, semblable à l'inaccessible et désirable virginité, et le duvet de l'herbe du printemps, que foulent en dansant les femmes de la Crète.

L'incomparable Amante fut aussi l'incomparable Amie. Recueillons avec piété cette larme très pure donnée au souvenir d'une petite morte virginale.

« C'est ici la poussière de Timas, que l'azur sombre

du lit nuptial de Perséphoné reçut, morte avant l'hymen.
Lorsqu'elle périt, toutes ses compagnes, d'un fer fraîchement aiguisé, coupèrent la force de leurs désirables
chevelures. »

a.

BIOGRAPHIE DE PSAPPHA

E la femme qui atteignit jusqu'aux purs sommets de la gloire nous ne savons presque rien, les siècles ayant trop impénétrablement embrumé la splendeur de son lointain visage. Les vers ardents d'Alcée attestent qu'elle fut belle et qu'elle fut aimée :

« Tisseuse de violettes, chaste Psappha au sourire de miel, des paroles me montent aux lèvres, mais une pudeur me retient. »

Cet hommage lyrique fut, d'ailleurs, peu favorablement reçu de celle à qui il fut adressé. Psappha répondit :

« Si tu avais eu le désir des choses nobles et belles, et si ta langue n'avait proféré une phrase vile, la honte n'aurait point fait baisser tes yeux, mais tu aurais parlé selon la justice. »

... L'Aède de Lesbôs dut naître vers 610 avant Jésus-Christ. Hérodote nous apprend que son père se nommait Skamandronymos et sa mère Kléis. Elle eut deux frères, Larichos et Charaxos. Larichos étant l'échanson en titre des cérémonies publiques de Mytilène, et ce privilège étant réservé aux éphèbes de noble naissance, on en conclut que Psappha devait appartenir à l'opulente aristocratie de la ville. Charaxos, étant allé vendre en Égypte le vin célèbre de Lesbôs, s'éprit d'une esclave de Naucratis, Doricha, surnommée par ses amants Rhodopis. Il la libéra au prix d'un trésor et dissipa avec elle ses richesses. Elle devint ainsi l'illustre courtisane aux joues roses. Psappha, dans une de ses

odes, la raille amèrement. « Une faveur publique, »
dit-elle, en parlant de l'hétaïre égyptienne.

Une inscription sur un marbre de Parôs nous
apprend que, pendant le règne d'Aristoclès à
Athènes, Psappha s'enfuit de Mytilène et se réfugia
en Sicile. Nous ignorons la cause de son exil. Ce ne
fut assurément point la poursuite de Phaon, comme
l'assurent certains auteurs, qui détermina la Tisseuse
de violettes à quitter les musiques et les sourires
de Mytilène. Car Phaon n'est qu'un mythe créé par
quelques écrivains d'après la tradition populaire.

Phaon, suivant la légende, était un passeur de
bac fort honoré par les habitants de l'île pour son
intégrité. « La Déesse, » (comme disaient les Lesbiens en parlant de l'Aphrodita), ayant revêtu l'as-
pect d'une vieille mendiante, pria Phaon de la
transporter sans payer l'obole. Il acquiesça immé-
diatement à sa demande, et l'Immortelle le récom-
pensa par une jeunesse et une grâce renouvelées.
« Ce Phaon, ajoute Phalacphatos, fut chanté par
l'amoureuse Psappha. » Cette erreur grossière a

été mise en crédit par plusieurs autres historiens, peu soucieux de vérifier l'exactitude de leurs affirmations. Pline écrit : « Phaon fut aimé de Psappha, parce qu'il avait su trouver la racine mâle de la plante *éryngo,* qui avait le pouvoir magique d'inspirer la passion. »

On voit quelles incertitudes fabuleuses entourent la tradition, aussi erronée qu'universelle, de l'amour de Psappha pour Phaon.

En face de l'insondable nuit qui enveloppe cette mystérieuse beauté, nous ne pouvons que l'entrevoir, la deviner à travers les strophes et les vers qui nous restent d'elle. Et nous n'y trouvons point le moindre frisson tendre de son être vers un homme. Ses parfums, elle les a versés aux pieds délicats de ses Amantes, ses frémissements et ses pleurs, les vierges de Lesbôs furent seules à les recevoir. N'a-t-elle point prononcé cette parole si profondément imprégnée de ferveur et de souvenir :

« Envers vous, belles, ma pensée n'est point changeante. »

Elle traduit son mépris pour le mariage par ce vers : « Insensée, ne te glorifie point d'un anneau, » et repousse avec dédain l'offrande poétique d'Alcée. Elle a le calme des êtres immortels, à qui la contemplation de l'éternité est familière : «... j'ai l'âme sereine. »

La terre d'où jaillit une fleur sans pareille est, en vérité, la patrie de la volupté et du désir, une Ile amoureuse que berce une mer sans reflux, au fond de laquelle s'empourprent les algues.

Les Lesbiens avaient l'attrait bizarre et un peu pervers des races mêlées. La chevelure de Psappha, où l'ombre avait effeuillé ses violettes, était imprégnée du parfum tenace de l'Orient, tandis que ses yeux, bleus comme les flots, reflétaient le sourire limpide de l'Hellas. Ses poèmes sont asiatiques par la violence de la passion, et grecs par la ciselure rare et le charme sobre de la strophe.

Des vierges et des femmes, délaissant leur pays et oubliant leurs tendresses, venaient des contrées lointaines apprendre d'Elle l'art des rythmes et des pauses. Elles entendirent dans toute leur plénitude et tout leur orgueil les poèmes dont nous ne possédons que de rares fragments, pareils à des lambeaux de pourpre royale...

La vie harmonieuse, ardente et sincère de Psappha, se résume en ces vers : « J'aime la délicatesse, et pour moi la splendeur et la beauté du soleil, c'est l'amour. » Nous ne savons comment ni quand elle mourut : le saut de Leucade n'est qu'une fable : mais peut-on douter de la beauté de sa mort lorsqu'on se souvient de cette parole magnifique et solennelle : « Car il n'est pas juste que la lamentation soit dans la maison des serviteurs des Muses, cela est indigne de nous. »

PREMIÈRE PARTIE

—

ODES

I

Εἰς Ἀφρόδιταν.

Ποικιλόθρον', ἀθάνατ' Ἀφρόδιτα,
παῖ Δίος, δολόπλοκε, λίσσομαί σε
μή μ' ἄσαισι μήτ' ὀνίαισι δάμνα,
    πότνια, θῦμον·

ἀλλὰ τυῖδ' ἔλθ', αἴποτα κἀτέρωτα
τὰς ἔμας αὔδας ἀίοισα πήλυι
ἔκλυες, πάτρος δὲ δόμον λίποισα
    χρύσιον ἦλθες·

ἄρμ' ὑπεζεύξαισα· κάλει δέ σ' ἄγον
ὤκεες στροῦθοι περὶ γᾶς μελαίνας
πύκνα δινεῦντες πτέρ' ἀπ' ὠράνω αἴθε-
    ρας διὰ μέσσω.

αἶψα δ' ἐξίκοντο· τὺ δ', ὦ μάκαιρα,
μειδιάσαισ' ἀθανάτῳ προσώπῳ,
ἤρε', ὅττι δηὖτε πέπονθα κὤττι
    δηὖτε κάλημι,

κὤττι μοι μάλιστα θέλω γίνεσθαι
μαινόλᾳ θύμῳ· τίνα δηὖτε Πείθω
μαῖς ἄγην ἐς σὰν φιλότατα, τίς σ', ὦ
    Ψάπφ', ἀδικήει;

καὶ γὰρ αἰ φεύγει, ταχέως διώξει,
αἰ δὲ δῶρα μὴ δέκετ' ἀλλὰ δώσει,
αἰ δὲ μὴ φίλει, ταχέως φιλήσει
    κωὐκ ἐθέλοισα.

ἔλθε μοι καὶ νῦν, χαλεπᾶν δὲ λῦσον
ἐκ μεριμνᾶν, ὅσσα δέ μοι τελέσσαι
θῦμος ἱμέρρει, τέλεσον· σὺ δ᾿ αὔτα
σύμμαχος ἔσσο.

Ode à l'Aphrodita

Toi dont le trône est d'arc-en-ciel, immortelle Aphrodita, fille de Zeus, tisseuse de ruses, je te supplie de ne point dompter mon âme, ô Vénérable, par les angoisses et les détresses. Mais viens, si jamais, et plus d'une fois, entendant ma voix, tu l'as écoutée, et, quittant la maison de ton père, tu es venue, ayant attelé ton char d'or. Et c'étaient de beaux passereaux rapides qui te conduisaient. Autour de la terre sombre ils battaient des ailes, descendus du ciel à travers l'éther. Ils arrivèrent aussitôt, et toi, ô Bienheureuse, ayant souri de ton visage immortel, tu me demandas ce qui m'était advenu, et quelle faveur j'im-

.

plorais, et ce que je désirais le plus dans mon âme insensée.
« Quelle Persuasion veux-tu donc attirer vers ton amour ? Qui
te traite injustement, Psappha ? Car celle qui te fuit prompte-
ment te poursuivra, celle qui refuse tes présents t'en offrira,
celle qui ne t'aime pas t'aimera promptement et même malgré
elle. » Viens vers moi encore maintenant, et délivre-moi des
cruels soucis, et tout ce que mon cœur veut accomplir, accom-
plis-le, et sois Toi-Même mon alliée.

Accueille, immortelle Aphrodita, Déesse,
Tisseuse de ruse à l'âme d'arc-en-ciel,
Le frémissement, l'orage et la détresse
     De mon long appel.

J'ai longtemps rêvé : ne brise pas mon âme
Parmi la stupeur et l'effroi de l'éveil,
Blanche Bienheureuse aux paupières de flamme,
     Aux yeux de soleil.

Jadis, entendant ma triste voix lointaine,
Tu vins l'écouter dans la paix des couchants
Où songe la mer, car ta faveur hautaine
      Couronne les chants.

Je vis le reflet de tes cheveux splendides
Sur l'or du nuage et la pourpre des eaux,
Ton char attelé de colombes rapides
      Et de passereaux.

Et le battement lumineux de leurs ailes
Jetait des clartés sur le sombre univers
Qui resplendissait de lueurs d'asphodèles
      Et de roux éclairs.

Déchaînant les pleurs et l'angoisse des rires,
Tu quittas l'aurore immuable des cieux.
Là-bas surgissait la tempête des lyres
      Aux sanglots joyeux.

Et Toi, souriant de ton divin visage,
Tu me demandas : « D'où vient l'anxiété
A ton grave front, et quel désir ravage
    Ton corps tourmenté?

« Qui te fait souffrir de l'âpre convoitise?
Et quelle Peithô, plus blonde que le jour
Aux cheveux d'argent, te trahit et méprise,
    Psappha, ton amour?

« Tu ne sauras plus les langueurs de l'attente.
Celle qui te fuit te suivra pas à pas.
Elle t'ouvrira, comme la Nuit ardente,
    L'ombre de ses bras.

« Et, tremblante ainsi qu'une esclave confuse,
Offrant des parfums, des présents et des pleurs,
Elle ira vers toi, la vierge qui refuse
    Tes fruits et tes fleurs.

« Par un soir brûlant de rubis et d'opales
Elle te dira des mots las et brisés,
Et tu connaîtras ses lèvres nuptiales,
      Pâles de baisers. »

Saw the white implacable Aphrodite,
Saw the hair unbound and the feet unsandalled
Shine as fire of sunset on western waters;
      Saw the reluctant

Feet, the straining plumes of the doves that drew her,
Looking always, looking with necks reverted,
Back to Lesbos, back to the hills whereunder
      Shone Mitylene;

Heard the flying feet of the Loves behind her
Make a sudden thunder upon the waters,
As the thunder flung from the strong unclosing
    Wings of a great wind.

So the goddess fled from her place, with awful
Sound of feet and thunder of wings around her,
While behind a clamour of singing women
    Severed the twilight.

SWINBURNE : *Poems and Ballads, Sapphics.*

II

Εἰς Ἐρωμέναν.

Φαίνεταί μοι κῆνος ἴσος θέοισιν
ἔμμεν ὤνηρ, ὅστις ἐναντίος τοι
ἰζάνει, καὶ πλασίον ἆδυ φωνεύ-
σας ὑπακούει

καὶ γελαίσας ἰμερόεν, τό μοι μάν
καρδίαν ἐν στήθεσιν ἐπτόασεν·
ὡς γὰρ εὔιδον βροχέως σε, φώνας
οὐδὲν ἔτ' εἴκει·

ἀλλὰ κὰμ μὲν γλῶσσα ἔαγε, λέπτον δ'
αὔτικα χρῷ πῦρ ὑπαδεδρόμακεν,
ὀππάτεσσι δ'οὐδὲν ὄρημ', ἐπιρρόμ-
βεισι δ'ἄκουαι.

ἀ δέ μ'ίδρως κακχέεται, τρόμος δέ
παῖσαν ἄγρει, χλωροτέρα δὲ ποίας
ἔμμι, τεθνάκην δ'ὀλίγω 'πιδεύης
φαίνομαι...

ἀλλὰ πᾶν τόλματον,...

Ode à une Femme aimée

Il me paraît l'égal des Dieux, l'homme qui est assis dans ta
présence et qui entend de près ton doux langage et ton rire dé

sirable, qui font battre mon cœur au fond de ma poitrine. Car lorsque je t'aperçois, ne fût-ce qu'un instant, je n'ai plus de paroles, ma langue est brisée, et soudain un feu subtil court sous ma peau, mes yeux ne voient plus, mes oreilles bourdonnent, la sueur m'inonde et un tremblement m'agite toute; je suis plus pâle que l'herbe, et dans ma folie je semble presque une morte... Mais il faut oser tout...

L'homme fortuné qu'enivre ta présence
Me semble l'égal des Dieux, car il entend
Ruisseler ton rire et rêver ton silence.
        Et moi, sanglotant,

Je frissonne toute, et ma langue est brisée :
Subtile, une flamme a traversé ma chair,
Et ma sueur coule ainsi que la rosée
        Apre de la mer;

2

Un bourdonnement remplit de bruits d'orage
Mes oreilles, car je sombre sous l'effort,
Plus pâle que l'herbe, et je vois ton visage
    A travers la mort.

Ille mi par esse deo videtur,
Ille, si fas est, superare divos,
Qui sedens adversus identidem te
    Spectat et audit

Dulce ridentem, misero quod omnes
Eripit sensus mihi : nam simul te,
Lesbia, aspexi, nihil est super mi

    . . . . . .

Lingua sed torpet, tenuis sub artus
Flamma demanat, sonitu suopte
Tintinnant aures, gemina teguntur
     Lumina nocte.

                CATULLUS : *Carmina, Ad Lesbiam.*

*
* *

Ἠράμαν μὲν ἐγὼ σέθεν, Ἄτθι, πάλαι πότα.

Je t'aimais, Atthis, autrefois...

Le soir fait fleurir les voluptés fanées,
Le reflet des yeux et l'écho de la voix...
... Je t'aimais, au long des lointaines années,
Atthis, autrefois.

And they shall know me as ye who have known me here
Last year when I loved Atthis, and this year
When I love thee...

SWINBURNE : *Poems and Ballads, Anactoria.*

* *
*

... Ἔμεθεν δ'ἔχεισθα λάθαν.

❧

... Tu m'oublies...

❧

— ⏑ — — ⏑ — ⏑⏑ Ἤ τιν' ἄλλον
[μᾶλλον] ἀνθρώπων ἔμεθεν φίλησθα.

❧

... A moins que tu n'aimes un autre mortel plus que moi.

❧

L'eau trouble reflète, ainsi qu'un vain miroir,
Mes yeux sans lueurs, mes paupières pâlies.
J'écoute ton rire et ta voix dans le soir...
   Atthis, tu m'oublies.

Tu n'as point connu la stupeur de l'amour,
L'effroi du baiser et l'orgueil de la haine;
Tu n'as désiré que les roses d'un jour,
   Amante incertaine.

Why wilt thou follow lesser loves? are thine
Too weak to bear these hands and lips of mine?

    SWINBURNE : *Poems and Ballads, Anactoria.*

* *
*

Τίς δ' ἀγροιῶτίς τοι θέλγει νόον,
οὐκ ἐπισταμένα τὰ βράκε' ἕλκην ἐπὶ τῶν σφύρων;

*Quelle paysanne te charme le cœur, qui ne sait pas relever sa
robe sur ses chevilles ?*

Athénée, parlant de l'élégance des femmes de l'antiquité
et du soin qu'elles prenaient de leurs vêtements, dit
que Psappha raille ainsi Androméda.

Ἄτθι, σοὶ δ'ἔμεθέν μεν ἀπήχθετο
φροντίσδην, ἐπὶ δ' Ἀνδρομίδαν πότη.

Atthis, ma pensée t'est haissable, et tu fuis vers Androméda.

Tu hais ma pensée, Atthis, et mon image.
Cet autre baiser, qui te persuada,
Te brûle, et tu fuis, haletante et sauvage,
            Vers Androméda.

* *
*

῎Εχει μὲν Ἀνδρομίδα κάλαν ἀμοίβαν.

Pour *Androméda*, elle a une belle récompense.

Pour Androméda, l'éclair de tes baisers,
Tes voiles de vierge et tes langueurs d'amante
Et le lent soupir de tes seins apaisés,
        Atthis inconstante!

Pour Androméda, les chants, les soirs d'or brun,
Et l'ombre des cils sur l'ombre des prunelles,
Les nuits de Lesbôs où s'exalte un parfum
        De fleurs éternelles.

Pour moi, le sommeil enfiévré sous les cieux
Où meurt la Pléiade, et les graves cadences,
L'hiver de ta voix, le néant de tes yeux,
        Tes pâles silences.

III

Ἄστερες μὲν ἀμφὶ κάλαν σελάνναν
αἶψ ἀπυκρύπτοισι φάεννον εἶδος,
ὄπποτα πλήθοισα μάλιστα λάμπῃ
γᾶν [ἐπὶ πᾶσαν]
— ∪ — ∪ ἀργυρία — ∪ — ∪·

Les étoiles autour de la belle lune voilent aussitôt leur clair visage lorsque, dans son plein, elle illumine la terre de lueurs d'argent.

Tout est blanc, la lune ouvre sa plénitude,
A ses pieds gémit l'Océan tourmenté :
Sereine, elle voit fleurir la solitude
      Et la chasteté.

Les astres, devant la Séléné divine,
Ont voilé leur face, et la clarté, neigeant
Du ciel virginal et candide, illumine
      La terre d'argent.

IV

— ∪ — ∪ — Τάδε νῦν ἑταίραις
ταῖς ἔμαισι τέρπνα κάλως ἀείσω.

❦

Voici maintenant ce que je chanterai bellement afin de plaire
à mes maîtresses.

❦

Atthis aux cheveux de crépuscule, blonde
Et lasse, Eranna, qui dans l'or des couchants,
Ranimes l'ardeur de la lyre profonde
      Et des nobles chants,

Euneika trop belle et Gurinnô trop tendre,
Anactoria, qui passais autrefois,
Lorsque je mourais de te voir ou d'entendre
          Ton rire et ta voix,

Dika, dont les mains souples tissent les roses,
Et qui viens offrir aux Déesses les fleurs
Neigeant du pommier, ingénument décloses,
          Parfums et pâleurs,

Pour vous j'ai rythmé les sons et les paroles,
Pour vous, j'ai pleuré les larmes du désir,
J'ai vu près de vous les ardentes corolles
          Du soir défleurir.

Triste, j'ai blâmé l'importune hirondelle;
Par vous, j'ai connu l'amer et doux Erôs,
Par votre beauté je devins immortelle,
          Vierges de Lesbôs.

... Saw the Lesbians kissing across their smitten
Lutes with lips more sweet than the sound of lute-strings
Mouth to mouth and hand upon hand, her chosen,
                Fairer than all men,

Only saw the beautiful lips and fingers,
Full of songs and kisses and little whispers,
Full of music; only beheld among them
                Soar, as a bird soars,

Newly fledged, her visible song, a marvel,
Made of perfect sound and exceeding passion,
Sweetly shapen, terrible, full of thunders,
                Clothed with the wind's wings.

                    SWINBURNE : *Poems and Ballads, Sapphics.*

*
* *

— ◡ — ◡ — ◡◡ Ὄττινας γὰρ
εὖ θίω, κῆνεί με μάλιστα σίννον-
ται.

❦

Car ceux à qui je fais du bien, ceux-là m'outragent le plus.

3.

— ◡ Ἀλλά τις οὐκ ἔμμι παλιγκότων
ὄργαν, ἀλλ' ἀβάκην τὰν φρέν' ἔχω ◡ —

Pour moi, je n'ai pas de ressentiment, mais j'ai l'âme sereine.

Ὦ κάλα, ὦ χαρίεσσα...

O belle, ô gracieuse...

Σοὶ δ' ἔγω λεύκας ἐπὶ βῶμον αἴγος

— ◡ — ◡ — ◡◡ — ◡ — ◡

κἀπιλείψω τοι ◡◡ — .. — ◡ ·

Pour toi je [répandrai] sur l'autel le [lait] d'une chèvre
blanche..... et pour toi je ferai une libation...

Οὔ τι μοι ὔμμες.

Vous n'êtes rien pour moi.

'Αρτίως μ' ὰ χρυσοπίδιλλος Αὔως.

⁂

(Vers) moi tout récemment l'Aube aux sandales d'or...

⁂

Mes yeux ont vu fuir l'Aube aux sandales d'or :
Ses pieds ont brillé sur le mont taciturne
Et sur la forêt où se recueille encor
    Le rêve nocturne.

⁂

Τὸ μέλημα τοὐμόν.

⁂

Mon souci...

Καὶ ποθήω καὶ μάςμαι ∪ — ∪

Et je regrette et je cherche...

Αἴ με τιμίαν ἐπόησαν ἔργα
τὰ σφὰ δεῖσαι.

... qui me firent glorieuse en me donnant leurs travaux.

Psappha parle ici des Muses et de leurs travaux.

Δαύεις ἀπάλας ἐτάρας
ἐν στήθεσιν — ◡◡ —

❧

Dors sur le sein de ta tendre maîtresse.

❧

Dors entre les seins de l'amante soumise,
O vierge au regard d'éphèbe valeureux,
Et que l'Hespérôs nuptial te conduise
Vers le rêve heureux !

* *
*

Ταῖς κάλαις ὔμμιν [τὸ] νόημα τῶμον
εὖ διάμειπτον.

Envers vous, belles, ma pensée n'est point changeante.

Je ne change point, ô vierges de Lesbôs,
Lorsque je poursuis la Beauté fugitive
A travers la nuit de l'étrange chaos
    Sans borne et sans rive.

Je ne trahis point l'invariable amour.
Mon cœur identique et mon âme pareille
Savent retrouver, dans la splendeur du jour,
      L'ombre de la veille.

Car j'étreins Atthis sur les seins de Dika,
Et, dans le parfum que l'air d'automne emporte,
L'âme, que longtemps ma douleur invoqua,
      De Timas la Morte.

Pour l'Aphrodita j'ai dédaigné l'Erôs,
Car je n'ai de joie et d'angoisse qu'en elle :
Je ne change point, ô vierges de Lesbôs,
      Je suis éternelle.

*
* *

— ◡ — ◡ — ◡◡ Ἔλθι Κύπρι
χρυσίαισιν ἐν κυλίκεσσιν ἄβρως
συμμεμιγμένον θαλίαισι νέκταρ
εἰνοχεῦσα.

Viens, Déesse de Kuprôs, et verse délicatement dans les
coupes d'or le nektar mêlé de joies.

Fille de Kuprôs, dont le regard foudroie,
Délicatement de tes mains verse encor
Le nektar mêlé d'amertume et de joie
          Dans les coupes d'or.

4

*
* *

— ◡ — ◡ — ◡ κατ᾽ ἔμον στάλαγμον·
Τὸν δ᾽ ἐπιπλάζοντε; ἄμοι φέροιεν
καὶ μελεδώνὰις.

⚬⚬⚬

... quant à mon sanglot : et que les vents orageux l'emportent pour les souffrances.

⚬⚬⚬

Que le vent du soir emporte mon sanglot
Vers l'accablement des cités et des plaines ;
Qu'il l'emporte, afin de le mêler au flot
Des douleurs lointaines.

Qu'il l'emporte, ainsi qu'un pitoyable appel,
Plus grave et plus doux que la vaine parole...
Que, dans l'infini, mon sanglot fraternel
            Apaise et console.

* *
*

Ζὰ δ' ἐλεξάμαν ὄναρ Κυπρογενήα.

Et certes j'ai couché dans un songe avec la fille de Kuprôs.

Je t'ai possédée, ô fille de Kuprôs !
Pâle, je servis ta volupté cruelle...
Je pris, aux lueurs du flambeau d'Hesperôs,
  Ton corps d'Immortelle.

Et ma chair connut le soleil de ta chair...
J'étreignis la flamme et l'ombre et la rosée,
Ton gémissement mourait comme la mer
  Lascive et brisée.

Mortelle, je bus dans la coupe des Dieux,
J'écartai l'azur ondoyant de tes voiles...
Ma caresse fit agoniser tes yeux
            Sur ton lit d'étoiles...

... Depuis, c'est en vain que la nuit de Lesbôs
M'appelle, et que l'or du paktis se prolonge...
Je t'ai possédée, ô fille de Kuprôs,
            Dans l'ardeur d'un songe.

Autre version du fragment :

Ζὰ δ' ἐλεξάμαν ὄναρ Κυπρογενήᾳ.

Et certes j'ai parlé en songe avec la fille de Kuprôs.

4.

Un clair souvenir se rythme et se prolonge
Comme un son de lyre indécis et voilé...
Fille de Kuprôs, je t'ai jadis parlé
A travers un songe.

**

Πλήρης μὲν ἐφαίνετ' ἀ σελάννα,
αἰ δ' ὡς περὶ βῶμον ἐστάθησαν.

La lune paraissait dans son plein, et les femmes se tinrent debout, comme autour d'un autel.

La lune parut dans son plein, et les femmes
Se tinrent debout, comme autour d'un autel :
Les rayons étaient fervents comme des flammes
Au reflet cruel.

Elles attendaient... Et, rompant le silence,
La voix d'une vierge amoureuse chanta,
Et toutes sentaient la mystique présence
De l'Aphrodita.

*
* *

Οἶον τὸ γλυκύμαλον ἐρεύθεται ἄκρῳ ἐπ' ὕσδῳ
ἄκρον ἐπ' ἀκροτάτῳ· λελάθοντο δὲ μαλοδρόπηες,
οὐ μὰν ἐκλελάθοντ', ἀλλ' οὐκ ἐδύναντ' ἐπίκεσθαι.

Telle une douce pomme rougit à l'extrémité de la branche, à l'extrémité lointaine: les cueilleurs de fruits l'ont oubliée ou, plutôt, ils ne l'ont pas oubliée, mais ils n'ont pu l'atteindre.

Ainsi qu'une pomme aux chairs d'or se balance,
Parmi la verdure et les eaux du verger,
A l'extrémité de l'arbre où se cadence
      Un frisson léger,

Ainsi qu'une pomme, au gré changeant des brises,
Se balance et rit dans les soirs frémissants,
Tu t'épanouis, raillant les convoitises
    Vaines des passants.

La savante ardeur de l'automne recèle
Dans ta nudité les ambres et les ors.
Tu gardes, ô vierge inaccessible et belle,
    Le fruit de ton corps.

*
* *

Ἕσπερι, πάντα φέρων, ὅσα φαίνολις ἐσκίδασ' αὔως,
φέρεις οἶν, φέρεις αἶγα, φέρεις ἄπυ ματέρι παῖδα.

~~~

O soir, toi qui ramènes tout ce que le lumineux matin a
dispersé, tu ramènes la brebis, tu ramènes la chèvre, tu ramènes
l'enfant à sa mère.

~~~

Les flots du Léthé coulent sur l'ardeur vaine
Des corps et des yeux ivres de pleurs versés.
L'ombre réunit les troupeaux dispersés,
        Là-bas, dans la plaine.

Dans l'Hadès lointain où dort Perséphoné,
Les vierges sans vœux, ses compagnes fidèles,
Cueillent tristement les pâles asphodèles
    Au rire fané.

Ayant contemplé la mort des hyacinthes
Dont la pourpre fraîche assombrit d'un regret
La montagne, j'erre et je pleure en secret
    Sur les fleurs éteintes.

Et j'appelle en vain le rythme de ta voix,
Eranna, tes yeux, Gurinnô triste et tendre,
Tes lèvres, Atthis, tes seins, Gorgô, la cendre
    Des nuits d'autrefois.

Autour du foyer et de l'essor des flammes
Le Soir a versé le repos comme un vin.
Ah! que ne peut-il, apaisant et divin,
    Réunir les âmes?

Que de souvenirs à la chute du jour!
Songeant aux sanglots assoupis vers l'aurore,
Comment ai-je su garder vivant encore
            L'amour de l'amour?

*
* *

Τί με Πανδίον; ὦ ῤαννα χελίδων;

Pourquoi, fille de Pandion, aimable hirondelle, me...?

Lasse du jardin où je me souviens d'Elle,
J'écoute mon cœur oppressé de parfum.
Pourquoi m'obséder de ton vol importun,
        Divine hirondelle?

Tu rôdes, ainsi qu'un désir obstiné,
Réveillant en moi l'éternelle amoureuse,
Douloureuse amante, épouse douloureuse,
        O pâle Procné!

Tu fuis sans espoir vers la rive qui t'aime,
Vers la mer aux pieds d'argent, vers le soleil.
Je hais le Printemps qui vient, toujours pareil
          Et jamais le même !

Ah ! me rendra-t-il les langueurs de jadis,
L'ardente douleur des trahisons apprises,
L'attente et l'espoir des caresses promises,
          Les lèvres d'Atthis ?

J'évoque le pli de ses paupières closes,
La fleur de ses yeux, le sanglot de sa voix,
Et je pleure Atthis que j'aimais autrefois,
          Sous l'ombre des roses.

*
* *

Ἦρος ἄγγελος ἱμερόφωνος ἀήδων.

Le messager du printemps, le rossignol à la douce voix...

— ∪ — Ὁ δ᾽ Ἄρευς φαισί κεν Ἄφαιστον ἄγην βίᾳ.

Mais Arès proclame qu'il entraînera Héphaistos par la force.

Μήτ' ἔμοι μέλι μήτε μέλισσα.

⬥

Pour moi, ni miel ni abeille...

Ce vers de Psappha passa en proverbe chez les Lesbiens pour désigner ceux qui désirent le bien sans le mal, le plaisir sans la douleur.

⬥

"Αγε δὴ χέλυ δῖά μοι
φωνάεσσα γένοιο.

⬥

Viens, écaille divine, et pour moi deviens harmonieuse.

Cité par Hermogène. Psappha invoque ici la Lyre que la légende disait tirée par Hermès d'une tortue.

⬥

5

Ὁ μὲν γὰρ κάλος, ὄσσον ἴδην, πέλεται [ἄγαθος],
ὁ δὲ κἄγαθος αὔτικα καὶ κάλος ἔσσεται.

❦

L'être qui est beau à voir est bon, et l'être qui est bon, par là même, deviendra beau.

❦

Χειρόμακτρα δὲ καγγόνων
πορφυρᾶ.....
καὶ ταῦτα μὲν ἀτιμάσεις,
ἐπέμψ' ἀπὺ Φωκάας
δῶρα τίμια καγγόνων.

❦

[Je t'ai envoyé] des voiles de pourpre pour ton giron... et tu les mépriseras : je t'ai envoyé de Phocée des présents précieux pour ton giron.

Comparer ces vers à celui de l'Ode à l'Aphrodita : *Celle qui refuse tes présents t'en offrira...*

❦

*
*   *

Οὐδ' ἴαν δοκίμωμι προσίδοισαν φάος ἀλίω
ἔσσεσθαι σοφίαν πάρθενον εἰς οὐδένα πω χρόνον
τοιαύταν.

Je crois qu'une vierge aussi sage que toi ne verra dans
aucun temps la lumière du soleil.

Jamais une vierge aussi sage que toi
Ne verra fleurir la lumière éternelle,
Contemplant sans fin la nature et la Loi
        Qui pèse sur elle.

Tu sais le secret de l'accord et du chant,
Tes yeux ont sondé la mer d'or des étoiles,
Sur ton front bleuit, comme au front du couchant,
La brume des voiles.

Pallas Athéné, dont la divine loi
Règne en souriant sur l'aurore éternelle,
Ne vit point de vierge aussi sage que toi
Rêver devant elle ..

... ἔγω φᾶμι ἰοπλόκων
Μοισᾶν εὖ λάχεμεν.

Je crois avoir reçu une bonne part dans les présents des Muses tisseuses de violettes.

'Ή σε Κύπρος καὶ Πάφος ἢ Πάνορμος.

Si Kupros ou Paphos ou Panormos te...

— υ — υ — υ Ἐγω δὲ κήν' ὅτ-
τω τις ἔραται.

Pour moi, ce qu'on désire, je...

— υ — υ — υ Ἐγων δ' ἐμαύτᾳ
τοῦτο σύνειδα.

Et ceci, j'en ai moi-même conscience.

῾Α; θέλετ᾽ ὔμμες.

Pendant que vous le voulez...

*
* *

Inscription à la base d'une statue.

Παῖδες, ἄφωνος ἐοῖσα τόδ' ἐννέπω, αἴ τις ἔρηται,
φωνὰν ἀκαμάταν κατθεμένα πρὸ ποδῶν·
Αἰθοπίᾳ με κόρᾳ Λατοῦς ἀνέθηκεν Ἀρίστα
Ἑρμοκλειδαία τῶ Σαοναϊάδα,
σὰ πρόπολος, δέσποινα γυναικῶν· ἆ σὺ χαρεῖσα
πρόφρων ἀμετέραν εὐκλέϊσον γενεάν.

———

*Vierges, quoique muette, je réponds à qui m'interroge par
ces inlassables paroles déposées à mes pieds : « A Aithopia,
fille de Latô, je fus consacrée par Arista, fille d'Hermo-*

kleidès, *fils de Saonaïs, Arista, ta servante, ô souveraine des
femmes! Daigne lui sourire, et, bienveillante, donne la gloire
à notre race.* »

A qui m'interroge, ô vierges! je réponds
D'une voix de pierre à l'accent inlassable :
« Mon éternité, sous les astres profonds,
            « M'attriste et m'accable.

« Sereine, je vois ce qui change et qui fuit.
« Je fus consacrée à la vierge brûlante,
« Aithopia, sœur de l'amoureuse nuit,
            « Par sa tendre amante,

« Arista. J'ouïs l'ardeur de leur soupir,
« Par les nuits d'été dont le souffle m'effleure
« De regrets... Je suis l'immortel souvenir
            « Des baisers d'une heure. »

* *
*

Λάτω καὶ Νιόβα μάλα μὲν φίλαι ἦσαν ἕταιραι.

Lató et Nioba étaient de très tendres compagnes.

Αἴθ' ἔγω, χρυσοστέφαν' Ἀφρόδιτα,
τόνδετὸν πάλον λαχόην.

Puissé-je, Aphrodita couronnée d'or, atteindre cette récom-
pense!

— ʋ — ʋ — ʋʋ Πόδα; δέ
ποίκιλος μάσλης ἐκάλυπτε, Λύδι-
ον κάλον ἔργον.

◦◦◦◦

Ses pieds étaient cachés par une bandelette [b·odée] de mille
couleurs, d'un beau travail de Lydie.

◦◦◦◦

— ʋ — Σύ τε κἄμος θεράπων Ἔρος.

◦◦◦◦

... Toi et l'Erós, mon serviteur...

Cité par Maxime de Tyr, pour prouver que Psappha par-
tageait l'avis de Diotime, lorsque celle-ci dit à Socrate
[Platon : *Banquet*] que l'Erós n'est pas le fils, mais le
serviteur de l'Aphrodita.

◦◦◦◦

O toi dont le trône aux lueurs d'arc-en-ciel
Brille sur l'Hadès et sur la Terre sombre,
Aphrodita pâle au sourire cruel,
        Resplendis sur l'ombre.

L'Erôs qui t'implore et te suit pas à pas
Élève vers toi son regard doux et grave :
Il pleure en t'ouvrant vainement ses deux bras,
　　　L'Erôs, ton esclave.

Ψυχὴν δ'οὐ δοκίμιμ' ὀράνω δύαι πάχεσιν.

Je n'espère point toucher le ciel de mes deux bras étendus.

Je n'espère point toucher de mes deux bras
Étendus le ciel où s'amassent des voiles;
La nuit pourpre vient et je n'espère pas
　　　Cueillir les étoiles.

*
* *

Τῷ γριπεῖ Πελάγωνι πατὴρ ἐπέθηκε Μενίσκος
κύρτον καὶ κώπαν, μνάμα κακιζοίας.

Au-dessus (de la tombe) du pêcheur Pélagón, son père Mi-
niskos plaça la nasse et la rame, en souvenir d'une vie infor-
tunée.

Placez le filet et la rame et les voiles,
Pêcheurs, au-dessus de ce tombeau marin
Où dort Pélagôn, fils errant des étoiles
Et fils du Destin.

Ce Mort a connu les hasards de l'orage,
Le tourment des flots, les monstres de la mer,
La faim qui déchire et la soif qui ravage
        Et le pain amer.

Mais le vent du large a gonflé sa poitrine
D'un souffle pareil à l'haleine des Dieux,
Et les pieds d'argent de Téthys la Divine
        Ont ravi ses yeux.

Il a bu l'odeur et la couleur des vagues,
Le baiser du sel qui ranime et qui mord,
Il a vu flotter, ondoyantes et vagues,
        Les brumes du Nord.

Placez le filet et la rame et les voiles,
Pêcheurs, au-dessus de ce tombeau marin
Où dort Pélagòn, fils errant des étoiles
        Et fils du Destin.

6.

*
* *

Ψάπφοι, τί τὰν πολύολβον 'Αφρόδιταν;

Psappha, pourquoi la bienheureuse Aphrodita...?

L'automne est pareil aux étés où ta lyre
S'éveilla, tremblante, et frémit, et chanta...
O Psappha, dis-nous pourquoi jaillit le rire
    De l'Aphrodita.

Quel sombre dessein réjouit la Déesse
A qui plaît l'effroi des cris inapaisés,
Qui répand sur nous la farouche détresse,
    L'horreur des baisers?

Les rayons maudits d'une fatale aurore
Virent autrefois l'implacable Beauté
Fleurir dans sa force inexorable, éclore
      Dans sa cruauté.

O Psappha, voici que s'éteint la Pléiade.
Le vent clame, ainsi qu'une lyre de fer,
Un chant prophétique et sinistre, et Leucade
      Assombrit la mer.

*
* *

Δεῦτέ νῦν, ἅβραι Χάριτες, καλλίκομοί τε Μοῖσαι.

Venez maintenant, Grâces délicates et Muses aux beaux cheveux.

Σμίκρα μοι πάϊς ἔμμεν ἐφαίνεο κἄχαρις.

Tu me semblais une enfant petite et sans grâce.

Ὅτα πάννυχος ἄσφι κατάγρει.

Quand, pendant toute la nuit, il s'empare d'eux...

Bergk pense qu'il s'agit ici du sommeil.

Ταῖσι [δὲ] ψῦχρος μὲν ἔγεντο θῦμος,
παρ δ' ἴεισι τὰ πτέρα. — ∪ — ∪

Leur cœur devint froid et leurs ailes retombèrent.

Une Pythique de Pindare nous montre l'aigle de Zeus
charmé par la musique et s'arrêtant dans son essor. Le
Scholiaste cite ce fragment pour démontrer que Psappha
applique la même image aux colombes de l'Aphrodita.

Χρύσεει δ'ἐρέβινθοι ἐπ' ἀϊόνων ἐφύοντο.

Et les pois d'or fleurissaient sur les rives.

Κατθνάσκει, Κυθέρη', ἄβρος Ἄδωνις, τί κε θεῖμεν·
Καττύπτεσθε κόραι καὶ κατερείκεσθε χίτωνας.

❧

Il expire, Kuthéréa, le délicat Adónis : que pouvons-nous faire? Frappez votre sein, vierges, et déchirez vos tuniques.

❧

Ὦ τὸν Ἄδωνιν...

❧

O l'Adónis!

Refrain de l'Ode à l'Adónis.

* *
*

Κατθάνοισα δὲ κείσεαι πότα, κωὺ μναμοσύνα σέθεν
ἔσσετ' οὔτε τότ' οὔτ' ὕστερον· οὐ γὰρ πεδέχεις βρόδων
τῶν ἐκ Πιερίας, ἀλλ' ἀφάνης κἠν Ἀΐδα δόμοις
φοιτάσεις πεδ' ἀμαύρων νεκύων ἐκπεποταμένα.

~~~

Morte, un jour tu demeureras couchée [dans la tombe], et
nul souvenir de toi ne persistera ni alors ni plus tard : car tu
ne cueilles point les roses de Piériä, mais, obscure, tu erreras
dans la maison de l'Hadès, inconnue parmi les Morts aveugles.

~~~

Demain tu mourras d'une mort sans étoiles.
La nuit cachera ton rire d'autrefois
Sous l'azur et sous la pourpre de ses voiles,
        Sous les linceuls froids.

Tu n'as point cueilli les roses immortelles
De Piéria, Gorgô, charme d'un jour!
Jamais ne brûla dans tes pâles prunelles
        L'éclair de l'amour.

L'Hadès te prendra dans sa vague demeure,
Le chant de ta voix ne persistera pas,
Ni le souvenir de ton parfum d'une heure.
        — Demain, tu mourras.

Et tu passeras, ombre parmi les ombres,
— Tu ne sauras point l'orgueil des lendemains, —
Sans rayons de gloire à tes paupières sombres,
        Sans fleurs dans tes mains.

Tes pas erreront faiblement sur la rive
Des femmes sans fards et des passants obscurs,
La Maison des Morts sur ta forme plaintive
                    Fermera ses murs.

Sous l'azur et sous la pourpre de ses voiles,
La Nuit cachera ton rire d'autrefois...
Demain tu mourras d'une mort sans étoiles
                    Sous les linceuls froids.

⁕

... Thee too the years shall cover; thou shalt be
As the rose born of one same blood with thee,
As a song sung, as a word said, ind fall
Flower-wise, and not be any more at all,
Nor any memory of thee anywhere;
For never Muse has bound above thine hair
The high Pierian flower whose graft outgrows
All summer kinship of the mortal rose
And colour of deciduous days, nor shed
Reflex and flush of heaven about thine head,

7

Nor reddend brows made pale by floral grief
With splendid shadow from that lordlier leaf.

⚜

... As a shed tear shalt thou be shed; but I —
Lo, earth may labour, men live long and die,
Years change and stars, and the High God devise
New things, and old things wane before his eyes
Who wields and wrecks them, being more strong than th
But, having made me, me he shall not slay.

SWINBURNE : *Poems and Ballads, Anactoria.*

* *
*

Οἴαν τὰν ὑάκινθον ἐν ὤρεσι ποίμενε; ἄνδρε;
πόσσι καταστείβοισι, χάμαι δ'ἐπιπορφύρει ἄνθος.

*Ainsi que, sur les montagnes, les pâtres foulent aux pieds
l'hyacinthe, et la fleur s'empourpre sur la terre.*

... Et blessée ainsi qu'une frêle hyacinthe,
Douloureuse Atthis, tu te souviens encor.
Tes tristes cheveux pleurent, dans l'ombre éteinte,
            Une cendre d'or.

Les pâtres, chantant sur le mont solitaire,
Jettent vers le soir leurs rythmes frémissants,
Et la pourpre fleur ensanglante la terre,
       Aux pieds des passants.

*
*   *

Ὄπταις ἄμμε.

Tu nous brûles.

Mes lèvres ont soif de ton baiser amer,
Et la sombre ardeur qu'en vain tu dissimules
Déchire mon âme et ravage ma chair :
      Érôs, tu nous brûles...

7.

I would the sea had hidden us, the fire
(Wilt thou fear that, and fear not my desire?)
Severed the bones that bleach, the flesh that cleaves,
And let our sifted ashes drop like leaves.

SWINBURNE : *Poems and Ballads, Anactoria.*

* *
*

Τιμάδος ἅδι κόνις, τὰν δὴ πρὸ γάμοιο θανοῦσαν

δέξατο Φερσεφόνας κυάνεος θάλαμος,

ἇς καὶ ἀποφθιμίνας πᾶσαι νεοθᾶγι σιδάρῳ

ἅλικες ἱμερτὰν κρατὸς ἔθεντο κόμαν.

❦

C'est ici la poussière de Timas que l'azur sombre du lit nuptial de Perséphona reçut, morte avant l'hymen. Lorsqu'elle
périt, toutes ses compagnes, d'un fer fraîchement aiguisé, coupèrent la force de leurs désirables chevelures.

❦

La vierge Timas au printemps sans été
Mourut dans l'orgueil de sa blancheur première.
Parfumons de fleurs, de chants, de piété,
    Sa douce poussière.

Oh! le souvenir de ce corps lilial
Que Perséphona, voluptueuse et sombre,
Reçut dans l'azur de son lit nuptial
    Paré de fleurs d'ombre!

Lorsqu'elle périt, ses compagnes d'hier
Coupèrent là-bas leurs cheveux désirables,
Bleus comme la nuit et blonds comme l'hiver,
    Roux comme les sables.

*
* *

Ἀστέρων πάντων ὁ κάλλιστος...

De tous les astres le plus beau...

Selon Himerius, ce fragment est détaché de l'Ode à l'étoile
du soir, à Hespéros.

O toi le plus beau des astres, Hespéros,
Fleur nocturne éclose au verger des étoiles,
Tu viens ranimer les ardeurs de Lesbôs
          Sous l'azur des voiles.

Tu jettes le trouble aux espaces sereins,
Le Désir renaît aux yeux las des Amantes,
Il meurtrit leurs flancs, il ravage leurs seins,
            Leurs lèvres brûlantes.

Verse tes lueurs sur l'ombre des baisers...
Par les longs étés, l'âme de Mytilène
Exhale vers toi ses cris inapaisés,
            Sa fervente haleine.

Dans la pourpre et l'or sombres du firmament,
Écoute la mer amoureuse et stérile
Qui, le soir, endort de son gémissement
            La langueur de l'Ile.

* *
*

Εὐμορφοτέρα Μνασιδίκα τᾶς ἀπάλας Γυρίννως.

Mnasidika est plus belle que la tendre Gurinnô.

Gurinnô qui pleure à l'ombre de mon seuil
N'a point tes accents où l'Érôs passe et chante,
O Mnasidika ! ni le splendide orgueil
        De tes seins d'amante.

Elle n'a point l'or fondu de ton regard,
Ni la pourpre fleur de tes paupières closes,
Ni ta chair où l'ambre et la myrrhe et le nard
        Parfument les roses.

Mais elle a connu la grave volupté,
L'effroi de l'amour et l'effort des chimères...
Une nuit, j'ai bu, d'un baiser irrité,
 Ses lèvres amères.

*
*   *

Ἀστεροτέρας εὔδαμ' ἐπ', ὦ 'ραννα, σίθεν τύχοισα.

Jamais je n'ai vu plus orgueilleuse que toi, ó Éranna.

Éranná est proprement un adjectif qui signifie aimable.

8

* *
*

Σὺ δὲ στεφάνεις, ὦ Δίκα, περθεσθ' ἐράταις φοβαισιν,
ὄρπακας ἀνήτοις σὺν 'ρραισ' ἀπάλαισι χέρσιν·
εὐάνθεσιν ἐκ γὰρ πέλεται καὶ χάριτες μακαιρᾶν
μᾶλλον προτέρην· ἀστεφανώτοισι δ' ἀπυστρέφονται.

Et toi, ô Dika! ceins de guirlandes ta chevelure aimable,
tresse les tiges du fenouil de tes tendres mains, car les
[vierges] aux belles fleurs sont de beaucoup les premières dans
la faveur des Bienheureuses : celles-ci se détournent des [jeunes
filles] qui ne sont point couronnées.

Va jusqu'au jardin clair où tu te reposes,
Pare tes cheveux de verdure et de fleurs,
Choisis les parfums, Dika, tisse les roses,
    Mèle les couleurs.

Et, si tu veux plaire aux sereines Déesses,
Entoure l'autel des souffles de l'été...
Elles souriront, ainsi que leurs prêtresses,
    A ta piété.

Porte à l'Artémis les sombres violettes,
A l'Aphrodita la pourpre des iris,
A Perséphona, vierge aux lèvres muettes,
    La langueur des lys.

* *
*

'Εγὼ δὲ φίλημ' ἀβροσύναν, καί μοι τὸ λάμπρον
ἔρος ... ἀελίω καὶ τὸ κάλον λέλογχεν.

*J'aime la délicatesse, et pour moi l'éclat et la beauté du
soleil, c'est l'amour.*

Οὐκ οἶδ' ὅττι θέω· δύο μοι τὰ νοήματα.

Je ne sais que faire : j'ai deux pensées.

Je ne sais pas ce qui me manque : mes pensées sont
doubles.

Trad. ANDRÉ LEBEY.

Ἄλλα, μὴ μεγαλύνεο δακτυλίω πέρι.

Insensée, ne t'enorgueillis point d'un anneau.

Ἔγω δ' ἐπὶ μαλθάκαν
τύλαν σπολίω μέλεα.

Et moi sur une couche molle je dispose mes membres.

Σκιδναμίνας ἐν στήθεσιν ὄργας
μαψυλάκαν γλῶσσαν πεφύλαχθαι.

Lorsque la colère se répand dans ta poitrine, garde ta langue d'aboyer vainement.

8.

Ὡς δὲ παῖς πεδὰ μάτερα πεπτερύγωμαι.

Et, comme une enfant vers sa mère, je tremble.

Καλὸν δημόσιεν.

Une faveur publique...

Cette épithète provient sans doute d'une ode satirique où
Psappha attaquait Doricha, surnommée Rhodopis.

— ⌣ — Σκύθικεν ξύλεν.
τῷ βάπτωσί τε τέρεα
πείωσι δὲ μᾶλινα
ξανθίσδεισί τε τὰς τρίχας.

*Le bois de Scythie, avec lequel elles donnent aux toisons
trempées la couleur du coing et dont elles blondissent leurs
cheveux...*

*
* *

Αἰ δ' ἔχες ἔσλων ἵμερον ἢ κάλων,
καὶ μή τι Ϝείπην γλῶσσ' ἐκύκα κάκον,
αἴδως κί σ' οὐ κίχανεν ὄππατ',
ἀλλ' ἔλεγες περὶ τῶ δικαίως.

*Si tu avais eu le désir des choses nobles ou belles, et si ta
langue n'avait proféré une phrase vile, la pudeur n'aurait point
fait buisser tes yeux, mais tu aurais parlé selon la justice.*

Ces vers sont la réponse de Psappha aux vers suivants
d'Alcée :

ἰόπλοκ' ἄγνα μελλιχόμειδε Σάπφοι,
θέλω τι Ϝείπην, ἀλλά με κωλύει αἴδως.

***

Tisseuse de violettes, chaste Psappha au sourire de miel, des paroles me montent aux lèvres, mais une pudeur me retient.

Μνάσεσθαί τινά φαμι καὶ ὕστερον ἀμμέων.

Quelqu'un, je crois, se souviendra dans l'avenir de nous.

Dans les lendemains que le sort file et tresse,
Les êtres futurs ne nous oublieront pas ..
Nous ne craignons point, Atthis, ô ma Maîtresse!
        L'ombre du trépas.

Car ceux qui naîtront après nous dans ce monde
Où râlent les chants, jetteront leur soupir
Vers moi, qui t'aimais d'une angoisse profonde,
        Vers toi, mon Désir.

Les jours ondoyants que la clarté nuance,
Les nuits de parfums viendront éterniser
Nos frémissements, notre ardente souffrance
Et notre baiser.

Clear air and wind, and under in clamorous vales
Fierce noises of the fiery nightingales,
Buds burning in the sudden spring like fire,
The wan waste sand and the waves' vain desire,
Sails seen like blown white flowers at sea, and words
That bring tears swiftest, and long notes of birds
Violently singing till the whole world sings —
I Sappho shall be one with all these things,
With all high things for ever; and my face
Seen once, my songs once heard in a strange place
Cleave to men's lives, and waste the days thereof
With gladness and much sadness and long love.

SWINBURNE: *Poems and Ballads, Anactoria.*

*
* *

Ἔρος δαὖτί μ' ὁ λυσιμέλης δόνει,
γλυκύπικρον ἀμάχανον ὅρπετον.

L'Erós qui délie mes membres aujourd'hui me dompte, être fatal, amer et doux.

Aujourd'hui l'Erós fatal, amer et doux,
L'Erós qui ressemble à la Mort, me tourmente,
Maîtrise mes flancs et brise mes genoux
            Dans l'angoisse ardente.

* *
*

Διὸς παῖς ὁ χρυσός, κεῖνον οὐ σὴς οὐδὲ κὶς δάπτει.

L'or est fils de Zeus, ni la mite ni le ver ne le peuvent dé-
truire.

L'or est fils de Zeus, cruel comme les Dieux.
Il épanouit sa puissance fatale,
Frère du soleil qui dévore les cieux
De gloire brutale.

*
* *

Ποτνια αὔως.

L'Aurore Vénérable...

Vois se rapprocher l'Aurore Vénérable,
Apportant l'effroi, la souffrance et l'effort,
Et le souvenir dont la langueur accable,
        La vie et la mort.

9

Κἀπάλαις ὑπεθύμιδας
πλίκται; ἀμπ' ἀπάλᾳ δέρᾳ.

Et de tendres guirlandes tressées autour d'un tendre col...

***

'Αμφὶ δὲ ψύχρον κελάδει δι' ὑσδων
μαλίνων, αἰθυσσομίνων δὲ φύλλων
κῶμα καταρρεῖ.

Alentour, [la brise] murmure fraîchement à travers les branches des pommiers, et des feuillages frissonnants coule le sommeil.

La fraîcheur se glisse à travers les pommiers,
Le ruisseau bourdonne au profond des verdures,
Tel le chant confus qui remplit les guêpiers
    Aux légers murmures.

L'herbe de l'été pâlit sous le soleil.
La rose, expirant sous les âpres ravages
Des chaleurs, languit vers l'ombre, et le sommeil
Coule des feuillages.

*
* *

Μάλα δὴ κεκορημίνας
Γόργως.

~~~

... *de Gorgô pleinement rassasiée...*

~~~

Telle une Bacchante aux lendemains d'orgie,
Gorgô, je suis lasse à la lueur du jour,
Je cherche l'ombre où l'âme se réfugie,
            Sans désir d'amour.

~~~

*
*　*

Γέλλως παιδοφιλωτέρα

Plus amoureuse de vierges que Gellô...

Gellô était une vierge qui mourut très jeune. Les Lesbiens croyaient que son fantôme poursuivait les adolescents et les enlevait vers la demeure de l'Hadès.

* *
*

Δίδυκε μὲν ἀ σελάννα
καὶ Πληΐαδες, μέσαι δὲ
νύκτες, πάρα δ᾽ ἔρχετ᾽ ὤρα,
ἔγω δὲ μόνα κατεύδω.

La lune s'est couchée, ainsi que les Pléiades; il est minuit,
l'heure passe, et je dors solitaire.

Le rossignol râle et frémit par saccades,
Et l'ombre engloutit la lune et les Pléiades :
L'heure sans espoir et sans extase fuit
      Au sein de la nuit.

Parmi les parfums glorieux de la terre,
Je rêve d'amour et je dors solitaire,
O vierge au beau front pétri d'ivoire et d'or
Que je pleure encor...

**
* *

Κρῆσσαί νύ ποτ' ὦδ' ἐμμελίως πόδεσσιν
ὠρχεῦντ' ἀπάλοις ἀμφ' ἐρόεντα βῶμον
πόας τέρεν ἄνθος μάλακον μάτεισαι.

Les femmes de la Crète dansent en rythme, de leurs pieds délicats, autour du glorieux autel, foulant la fine et tendre fleur
de l'herbe.

De leurs tendres pieds les femmes de la Crète
Ont pressé la fleur de l'herbe du printemps…
Je les vis livrer à la brise inquiète
         Leurs cheveux flottants.

Leurs robes avaient l'ondoiement des marées.
Elles ont mêlé leurs chants de clairs appels
En rythmant le rire et les danses sacrées
Autour des autels.

Ὀφθάλμοις δὲ μέλαις νύκτος ἄωρος.

Et le sommeil aux yeux noirs, [enfant] de la nuit...

Le grave couchant éteint l'or des lumières...
Le Sommeil aux yeux noirs, enfant de la Nuit,
De la verte Nuit pitoyable aux paupières,
     Apaise le bruit.

Et l'âme des lys erre dans son haleine...
Mais il ne sait point contenter le soupir
De l'ardente mer aux pieds de Mytilène,
Lasse de désir.

*
* *

Χρυσοφάη θεράπαιναν Άφρεδίτας.

*

... *la servante de l'Aphrodita, lumineuse comme l'or.*

Philodème (vers 60 avant J.-C.) dit que Psappha invoque
ici Peithô, la Persuasion.

*

Persuasion, Peithô, blonde suivante
De l'Aphrodita, viens dans le pâle essor
Des colombes, viens, lascive et suppliante,
            Claire comme l'or.

10

Ta voix éloquente a l'accent d'une lyre
Implorant en vain l'ardeur et le retour
D'un fiévreux Passé... Ta voix qui pleure attire
Vers le grave Amour.

* *
*

Πόλλα μοι τὰν
Πωλυανάκτιδα παῖδα χαίρην.

... que la fille de Poluanax se réjouit beaucoup.

Selon plusieurs commentateurs, Psappha parle ici d'Androméda.

... Ἀμφὶ δ' ἄβρεις λασίεις εὖ Fε πύκασσιν.

Elle s'enveloppa soigneusement de toiles délicates.

Γλύκεια μᾶτερ, οὔτοι δύναμαι κρέκην τὸν ἴστον,
πόθῳ δάμεισα παῖδος βραδίναν δι' Ἀφρόδιταν.

❧

Douce mère, je ne puis tisser la trame, domptée [comme je le suis] par l'amour pour une enfant, selon la volonté de la tendre Aphrodita.

❧

— ◡ — ◡ Παντοδάπαις μεμιγμέ-
να χρείαισιν.

❧

Mêlée de couleurs de toutes sortes...

D'après quelques commentateurs, ce vers s'applique à Iris, divinité de l'Arc-en-Ciel.

❧

Μελλίχιος δ' ἐπ' ἰμέρτῳ κέχυται προσώπῳ.

———

Une ... douce comme le miel se répand sur l'aimable visage.

———

Ἔστι μοι κάλα πάϊς, χρυσίοισιν ἀνθέμοισιν
ἰμφέρην ἔχοισα μόρφαν, Κλῆϊς' ἀγαπάτα,
ἀντὶ τᾶς ἔγω οὐδὲ Λυδίαν παῖσαν οὐδ' ἔρανναν.

———

Je possède une belle enfant dont la forme est pareille à des
fleurs d'or, Kléis la bien-aimée, que je [préfère] à la Lydie tout
entière et à l'aimable...*

* Πάϊς doit très probablement être pris ici dans le sens de
jeune esclave.

———

10.

*
* *

Βρεδοπάχεες ἅγναι Χάριτες, δεῦτε Διος κόραι.

Pures Kharites aux bras de rose, venez, filles de Zeus.

O filles de Zeus, Grâces aux bras de rose,
Venez, apportant les parfums de jadis,
Le frisson des voix, du rythme et de la pause,
Et l'or du paktis.

Vous dont la langueur divine se repose
Dans l'éclair de l'aube et la flamme du jour,
Venez en dansant, Grâces aux bras de rose,
        Riant à l'amour.

⁎ ⁎

Πάρθενον ἀδύφωνον.

∼✸∼

... une vierge à la voix douce.

∼✸∼

J'écoute en rêvant... La fraîcheur de ta voix
Coule, comme l'eau du verger sur la mousse,
Et vient apaiser mes douleurs d'autrefois,
Vierge à la voix douce.

*
* *

Ἔρος δαὖτ' ἐτίναξεν ἔμοι φρένας,
ἄνεμος κατ' ὄρος δρύσιν ἐμπέσων.

L'Erós aujourd'hui a déchiré mon âme, vent qui dans la montagne s'abat sur les chênes.

L'Erós a ployé mon âme, comme un vent
Des montagnes tord et brise les grands chênes...
Et je vois périr, dans le flambeau mouvant,
L'essor des phalènes.

*
* *

Ἡρων ἐξεδίδαξ᾽ ἐκ Γυάρων τὰν τανυσίδρομιν.

J'instruisis Héró de Guara, la [vierge] légère à la course.

J'enseignai les chants à la vierge aux pieds d'or
Dont la voix ressemble à la voix de la source,
Et dont les beaux pieds semblent prendre l'essor,
Légers à la course.

J'enseignai les chants où brûlent les parfums,
Où pleurent l'angoisse et l'effroi des attentes,
Quand le crépuscule assombrit les ors bruns
Des rives ardentes.

J'enseignai les chants qui montent vers l'autel
D'où l'Aphrodita tourmente l'amoureuse
Et qui font pâlir le sourire cruel
        De la Bienheureuse.

* *
*

Βράνθειω βασιλήω.

D'un palais parfumé (ou : orgueilleux, ou : fleuri).

'Ο πλοῦτος ἄνευ σεῦ γ' ἀρέτα 'στ' οὐκ ἀσινής πάρεικες.

L'opulence sans toi, Vertu, n'est point une voisine sans danger.

*
* *

Ἄνθε' ἀμέργυυσαν παῖδ' ἄγαν ἀπαλάν.

... une vierge très délicate cueillant des fleurs*.

Je te vis cueillir le fenouil et le thym
Et la fleur du vent, la légère anémone,
O vierge! et je vis ton sourire enfantin
    Où l'aube frissonne.

---

* Athénée, qui nous a conservé ce fragment, dit que l'on représente
toujours les compagnes de Perséphone cueillant des fleurs.

11

Mon corps vigoureux comme un jeune arbrisseau
Frôla longuement ta chair tendre et brisée...
Tu levas sur moi tes yeux plus frais que l'eau
    Et que la rosée.

Le fatal Erôs et l'amoureux Destin
Et l'Aphrodita dont je suis la prêtresse,
Nous virent cueillir le fenouil et le thym,
    Atthis, ma Maîtresse.

* *
*

Φαῖσι δή πcτα Λήδαν ὑακινθίνων
[ὑπ' ἀνθίων] πεπυκαδμίνον
εὕρην ὤιον.

❧

On dit qu'autrefois Léda trouva un œuf caché sous les iris.

❧

Αὖτα δὲ σὺ Καλλιόπα.

❧

Et toi-même, Kalliope...

❧

Δεῦρο δαὖτε Μοῖσαι, χρύσιον λίποισαι.

Venez, aujourd'hui, ô Muses, abandonnant le ... d'or...

⁎
⁎ ⁎

’Αϊπάρθινος ἔσσμαι.

Je serai toujours vierge.

Je demeurerai vierge comme la neige
Sereine, qui dort là-bas d'un blanc sommeil,
Qui dort pâlement, et que l'hiver protège
          Du brutal soleil.

Et j'ignorerai la souillure et l'empreinte
Comme l'eau du fleuve et l'haleine du nord.
Je fuirai l'horreur sanglante de l'étreinte,
          Du baiser qui mord.

11.

Je demeurerai vierge comme la lune
Qui se réfléchit dans le miroir du flot,
Et que le désir de la mer importune
De son long sanglot.

My love, that had no part in man's,
Was sweeter than all shape of sweet.

SWINBURNE : *Poems and Ballads.*

*
* *

Πέρροχος, ὡς ὅτ᾽ ἄειδες ὁ Λέσβιος ἀλλοδάποισιν.

Dominant, comme lorsque l'aède de Lesbôs domine les étrangers...

Dominant la Terre où résonne ta lyre,
Dresse-toi, splendide, Aède de Lesbôs
Qui seule as connu la lumière et le rire
   Divins de Paphôs.

Psappha, verse-nous au profond de l'espace,
Dédaignant le sort des êtres passagers,
Le frémissement de ton chant qui surpasse
Les chants étrangers.

Οὐ γὰρ θέμις; ἐν μουσοπόλων οἰκία θρηνον
εἶναι· οὐκ ἄμμι πρέπει τάδε.

... *Car il n'est pas juste que la lamentation soit dans la maison des serviteurs des Muses : cela est indigne de nous.*

Compagnes, voici la Maison du Poète
Où la Mort se tait, où le deuil n'entre pas;
Ne gémissez plus dans l'angoisse inquiète
Du commun trépas.

Parsemez de fleurs aux haleines légères
Le seuil où pleuraient les chants graves et doux;
Arrêtez le flot des larmes passagères
      Indignes de nous.

DEUXIÈME PARTIE

ÉPITHALAMES

* *
*

'Εσπετ' 'Υμήναον.

Chantez hyménée !
Refrain des odes nuptiales de Psappha.

Ού γὰρ ἦν ἀτέρα πάϊς, ὦ γάμβρε, τοιαύτα.

Car aucune autre vierge n'était son égale, ô toi son époux.

12

Χαίρεισα νύμφα, χαιρέτω δ' ὁ γάμβρος.

L'Épouse est réjouie : que l'Époux se réjouisse.

A. — Παρθενία, παρθενία, ποῖ με λίποισ' ἀπείχῃ;
B. — Οὐκέτι ἥξω πρὸς σί, οὐκέτι ἥξω.

A. — Virginité, virginité, où t'enfuis-tu m'ayant quittée?
B. — Jamais plus je ne te reviendrai, jamais plus je ne reviendrai.

Τίῳ σ', ὦ φίλε γάμβρε, κάλως εἰκάσδω;
ὄρπακι βραδίνῳ σε κάλιστ' εἰκάσδω.

A quoi, ô cher époux, puis-je te comparer bien?
Je te comparerai très bien à un souple arbrisseau.

Ἀλλ' ἔων φίλος ἄμμιν...
λέχος ἄρνυσο νεώτερον·
οὐ γὰρ τλάσομ' ἔγω ξυνοίκην
νέῳ γ' ἔσσα γεραιτέρα.

Mais, si tu es notre ami,... choisis une couche plus jeune, car je ne supporterai pas d'habiter avec un jeune homme, femme plus âgée.

Ἴψοι δὴ τὸ μέλαθρον
Ὑμήναον
ἀέρρετε τέκτονες ἄνδρες·
Ὑμήναον.
γάμβρος ἔρχεται ἶσος Ἄρευϊ,
[Ὑμήναον]
ἄνδρος μεγάλω πόλυ μείζων·
[Ὑμήναον].

Élevez, ô charpentiers,
Hyménée!

Très haut la poutre du toit,
Hyménée !
L'Époux s'avance, pareil à l'Arès,
Hyménée !
Beaucoup plus grand qu'un homme grand,
Hyménée !

Θυρώρω πόδες ἐπτορόγυιοι,
τὰ δὲ σάμβαλα πεμπιβόη,
πίσσυγγοι δὲ δίχ' ἐξεπόνασαν.

Celui qui garde la porte a des pieds longs de sept brasses,
et des sandales formées de cinq peaux de bœufs, et que dix save-
tiers façonnèrent.

> « Psappha raille autre part les époux rustiques et le veilleur
> qui garde les portes. Pour ces noces sans beauté, elle
> emploie des phrases prosaïques, comme si elle discou-
> rait plus qu'elle ne chantait. Et les mots qu'elle emploie
> ne sont plus en harmonie avec la danse et le chant. »
>   DÉMÉTRIUS.

Δώσομεν, ἦσι πάτηρ.

Nous donnerons, dit le père...

Ἦρ' ἔτι παρθενίας ἐπιβάλλομαι;

Est-ce que je regrette encore ma virginité?

... Χαῖρε, νύμφα,
χαῖρε, τίμιε γάμβρε, πόλλα.

Réjouis-toi, Épousée! Noble Époux, réjouis-toi pleinement!

Ὄλβιε γάμβρε, σοὶ μὲν δὴ γάμος, ὡς ἄραο,
ἐκτετέλεστ', ἔχης δὲ πάρθενον, ἂν ἄραο.

***

*Bienheureux époux, voici que l'hymen de ton désir s'est ac-
compli, et que tu possèdes la vierge de ton désir.*

***

Στᾶθι κάντα φίλος....
καὶ τὰν ἐπ' ὄσσοις ἀμπέτασον χάριν.

***

*Demeure mon ami, debout et face à face... et dévoile la bien-
veillance qui est dans tes yeux.*

Selon A. Schœne, ces vers s'adressent au frère de
Psappha.

FRAGMENTS

CONSERVÉS PAR LES AUTEURS ANCIENS

*
* *

Οὐ διαφθείρον τὰς ὄψεις...
τὸ γάνος...
ὑακινθίνω ἄνθει ὅμοιον.

La lumière... qui ne détruit point la vue... pareille à une fleur d'hyacinthe...

Attribué par ARISTIDE à PSAPPHA.

Nuit de pourpre, ainsi qu'une fleur d'hyacinthe,
Ta lumière éclot dans le verger des cieux.
Ton parfum est chaste, et ta douceur éteinte
    Console les yeux.

*
* *

Πόλυ πάκτιδος ἀδυμελεστέρα, χρύσω χρυσετέρα.

Beaucoup plus mélodieuse que le paktis, plus dorée que
l'or...

Un commentateur d'Hermogène le rhéteur dit : « De
pareilles phrases flattent bassement l'oreille, comme
les phrases amoureuses dont se servent Anacréon et
Psappha : *plus blanche que le lait, plus délicate que l'eau,
plus mélodieuse que les paktis, plus vive qu'un coursier,
plus tendre que les roses, plus douce qu'une robe de lin,
plus précieuse que l'or.* »

« Psappha est éloquente et douce lorsqu'elle chante la
beauté, l'amour, le printemps et le martin-pêcheur, et

toutes les métaphores gracieuses sont tissées dans sa poésie, avec ses propres imaginations. »

Démétrius.

Le *Lexicon Seguerianum* cite ἄκακος, *qui ignore le mal*, comme employé par Psappha.

« Diotime dit que l'Amour fleurit dans la prospérité, mais qu'il s'enfuit devant l'infortune, et Psappha partage ce sentiment lorsqu'elle appelle l'Amour γλυκύπικρος, *doux et amer*, et ἀλγεσίδωρος, *qui donne la douleur*. Socrate appelle l'Amour « le magicien. » Psappha le nomme μυθοπλόκος, *le tisseur de chimères.* »

Maxime de Tyr.

Erôs, de tes mains prodigues de douleurs
Tu répands l'angoisse, et tes lèvres amères
Ont le goût du sel et le parfum des fleurs,
Tisseur de chimères.

« Psappha aimait la Rose, et la louait sans cesse, et la comparait à la beauté des vierges. »

PHILOSTRATE.

« Ainsi luttent [les vierges] aux bras de rose, aux regards étincelants, aux belles joues, à la voix de miel, (ῥοδοπήχεις καὶ ἑλικώπιδες καὶ καλλιπάρηοι καὶ μελίφωνοι) : ceci est véritablement la douce salutation de Psappha. »

Idem.

« Anacréon dit que l'on se couronnait de fenouil, d'après Psappha et Alcée : ces derniers cependant disent aussi : σελίνοις, (de persil). »

POLLUX.

Libanius écrit : « S'il fut permis à Psappha de Lesbôs de demander dans ses prières « *que la nuit fût doublée pour elle,* » qu'à mon tour j'ose implorer une faveur pareille... »

Prolonge la nuit, Déesse qui nous brûles !
Éloigne de nous l'Aube aux sandales d'or...
Déjà, sur l'étang, les fraîches libellules
    Ont pris leur essor.

Tes cheveux, flambant sous l'ombre de tes voiles,
Atthis, ont gardé le feu rouge du jour,
Et le vin des fleurs et le vin des étoiles
    M'accablent d'amour.

Nous ne savons pas quelle aurore se lève
Là-bas, apportant l'inconnu dans ses mains,
Nous tremblons devant l'avenir, notre rêve
    Craint les lendemains.

Je vois la clarté sous mes paupières closes,
Étreignant en vain la douceur qui me fuit...
Déesse à qui plaît la ruine des roses,
         Prolonge la nuit.

Table

TABLE

Achevé d'imprimer

le trois mars mil neuf cent trois

PAR

ALPHONSE LEMERRE

6, RUE DES BERGERS, 6

A PARIS

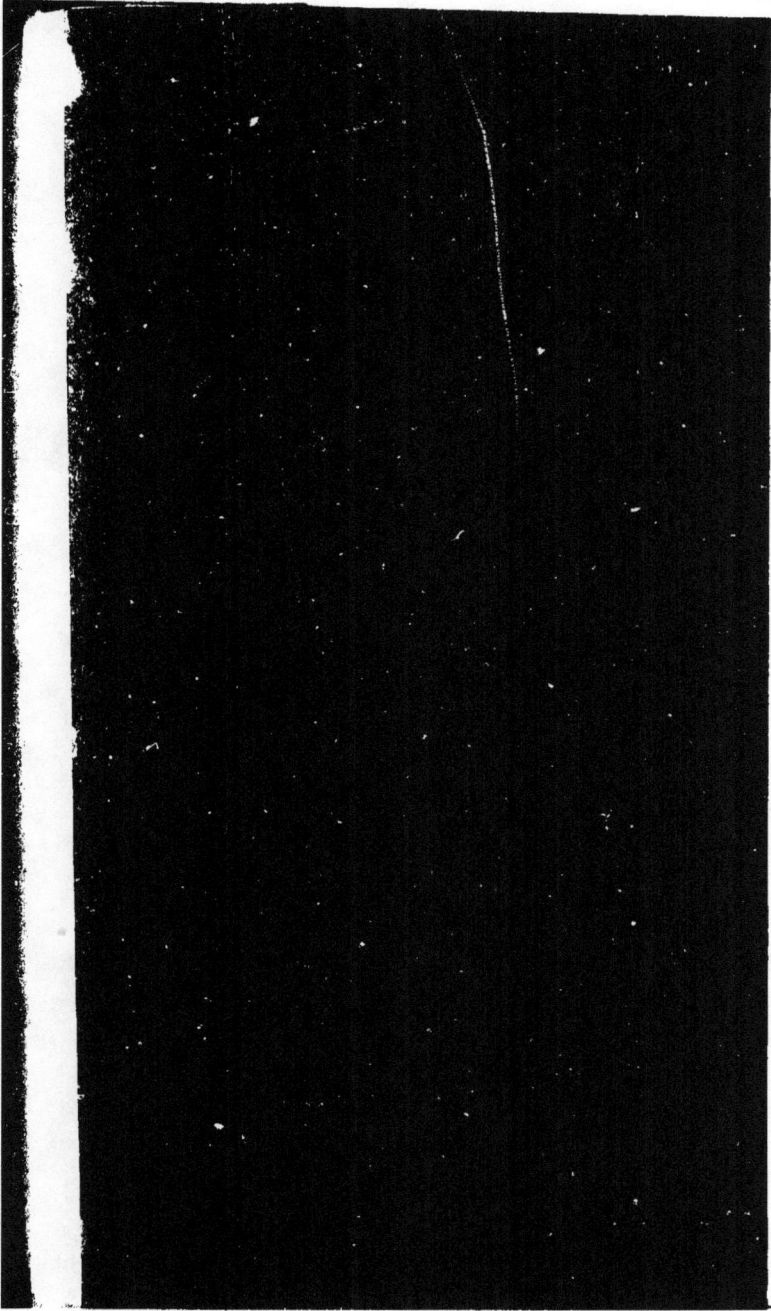

ŒUVRES

DE

R. VIVIEN

Paris. — Imp. A. LEMERRE, 6, rue des Bergers. — 5. — 3906.

www.ingramcontent.com/pod-product-compliance
Lightning Source LLC
Chambersburg PA
CBHW052051090426
42739CB00010B/2127